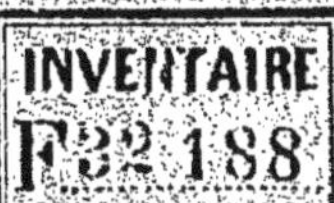

LE CODE COUSA

DEVANT

LA RELIGION ET LA FAMILLE

APPEL

AU MONDE CIVILISÉ

ÉDITEUR

M. NICOLAS DE ROSETTI ROSNOVANO

1865

LE CODE COUSA

DEVANT

LA RELIGION ET LA FAMILLE

Typographie de H. Firmin Didot. — Mesnil (Eure).

LE CODE COUSA

DEVANT

LA RELIGION ET LA FAMILLE

APPEL

AU MONDE CIVILISÉ

ÉDITEUR

M. NICOLAS DE ROSETTI ROSNOVANO

1865

PRÉFACE

DE L'ÉDITEUR.

Yassy, 2/14 mai 1865.

Celui qui écrit ces lignes n'est pas un éditeur de profession.

S'il a cru devoir prêter son nom à l'ouvrage qu'on va lire, c'est qu'aujourd'hui, sous le régime de terreur, où nous vivons, il ne se serait pas trouvé un éditeur assez hardi, pour affronter le danger d'une telle publication. Défendre la religion et la morale insultées, — prendre en main la cause du mariage que l'on profane, et de la famille que l'on dissout, — ce sont, en Roumanie, des crimes de lèse-majesté! — Nous le savons; — et nous n'hésitons pas un seul instant à dénoncer au monde civilisé le plus incroyable attentat, que puisse rêver un despote en délire, contre les principes élémentaires de toute civilisation.

Nous déclarons tout d'abord que la politique est complétement étrangère, au but que nous nous proposons : — Nous ne sommes pas un homme de parti, — et quelles que puissent être nos sympathies, pour telle ou telle forme de gouvernement, il n'a pas moins fallu que la promulgation du *code civil Alexandre-Jean Cousa* pour nous forcer à sortir de la réserve, que nous nous étions imposée.

Depuis quelque temps déjà nous lisions dans le *Moniteur officiel* au fur et à mesure qu'elle paraissait, la traduction du **Code Napoléon**, que l'on promulguait, dans notre patrie. Nous la lisions, tantôt avec indifférence, tantôt avec dégoût, selon qu'elle était plus ou moins mal faite; déjà nous étions habitué aux contre-sens, aux falsifications, aux impossibilités morales et matérielles; et les hérésies juridiques et sociales des espèces de corps votants créés pour acclamer toutes ces réformes nous laissaient impassibles. Nous attendions.

Mais lorsque nous sommes arrivé au chapitre qui traite des successions, nous avons été saisi de stupeur; nous l'avons lu et relu, ce chapitre; nous ne pouvions en croire nos yeux! nous nous le sommes fait lire encore par d'autres personnes, et nous nous sommes convaincu, que désormais, en Roumanie, en vertu du code Cousa, « *Non-seulement les enfants naturels* « *simples, mais les enfants adultérins et in-* « *cestueux, marchent sur la même ligne que* « *les enfants légitimes; en tout état de cause* « *ils pourront être reconnus et légitimés par* « *leurs auteurs* (1)! » (Voir, dans le cours de la brochure, la traduction des art. 652-677, 504 du *code Cousa*). Non-seulement le bâtard viendra spolier l'enfant né de l'union solennelle consacrée par la morale et la religion, mais, le front levé, il entrera dans la famille, pour la braver; il y profanera encore par sa présence le sanctuaire, que sa naissance avait souillé, et, — le code Cousa à la main, — impunément, par la bouche des lois, il criera à la famille épouvantée: *Ma mère est adultère!*

Désormais le silence nous était-il permis? — Nous ne l'avons pas cru : n'était-il pas du devoir d'un honnête homme de s'écrier? Nous

(1) *Moniteur officiel de Roumanie*. N° 271, du 4/16 décembre 1864.

aurions rougi, pour notre patrie, s'il ne s'était pas trouvé une voix, qui protestât immédiatement contre un pareil outrage. En ce moment, un de nos amis, un des plus brillants avocats de notre barreau, a bien voulu nous communiquer l'écrit que nous publions aujourd'hui, écrit dicté par les mêmes sentiments, par la même indignation. Tout le côté juridique de la question y est traité à fond; nous n'avons rien à ajouter sous ce rapport à cet excellent travail, — et si la modestie de son auteur nous défend de le nommer, il nous permettra de rendre un hommage public à ses connaissances et à son rare talent; il nous permettra de dire qu'il a fait un beau livre et une bonne action.

Nous voulons seulement présenter ici quelques considérations générales sur cette matière :

I. A notre avis trois questions résument tout l'intérêt du sujet :

Le mariage peut-il exister, avec l'introduction du bâtard, dans la famille?

La famille peut-elle exister, sans le mariage?

La société peut-elle exister sans la famille?

Cherchons-en la solution.

L'union matérielle des sexes ne suffit point à l'homme. Ses idées et ses aspirations l'élèvent au-dessus des autres créatures. Nous ne descendrons pas à réfuter le matérialisme insensé, qui trouve chez nous des adeptes. Si vous ne voyez dans l'homme que des instincts, des appétits et des sensations, n'allez pas plus loin; fermez ce livre : vous n'y comprendrez rien. — Lisez le *code Cousa*. —

Le *fait* du mariage, quelque titre qu'on lui donne, n'a sa source ni dans les lois, ni dans une convention sociale, mais dans la nature même de l'homme : Il est dans la nature de l'homme de s'attacher à la compagne qu'il a choisie; et même, sans l'ivresse de la passion, il trouve dans cette union sa tranquillité et son bonheur. Mais, plus il y trouve de charme, plus il en est jaloux. C'est le plus profond des sentiments humains de ne souffrir aucun partage, dans le cœur ni dans la possession de l'objet aimé. C'est cette possession exclusive qui fait l'essence du mariage. — Nous verrons tout à l'heure comment, dans les sociétés, c'est la possession exclusive, reconnue en droit, consacrée par la loi et par la religion, qui constitue le mariage. — Il n'est pas moins naturel à l'homme de porter à ses enfants, comme à leur mère, une tendresse, qui se partage sans s'amoindrir; et si la nature a mis dans le cœur des parents l'amour et la sollicitude, elle met dans celui des enfants la reconnaissance et le respect. De là un cercle d'affections et d'intérêts, de droits et de devoirs réciproques qui constitue la famille.

Ces enfants à leur tour, goûteront les douceurs de cette union; à côté de la première se formeront ainsi de nouvelles familles unies entre elles par les mêmes liens. Avec le temps, à mesure que le cercle de ces familles s'élargira, les relations deviendront nécessairement moins intimes; cependant, des intérêts, des mœurs, des traditions communes continueront à lier entre elles toutes ces familles et à maintenir leur harmonie. C'est précisément cet ensemble harmonieux de sentiments, d'intérêts, de traditions communes qui constitue la société.

Dès les premiers jours de l'humanité, voilà donc les principes de la civilisation qui se dégagent, voilà la famille et la société primitives constituées.

Malheureusement, grâce à l'imperfection, à

la faiblesse de la nature humaine, rien de plus délicat, rien de plus fragile que cette union de l'homme et de la femme : discorde, violence, jalousie, satiété, tout conspire à séparer ceux qu'elle liait; mais de toutes les causes qui travaillent à cette dissolution, aucune ne peut être plus efficace que l'infidélité, surtout quand le fruit de la faute vient en perpétuer le souvenir. Plus l'homme trouve de charme dans la possession exclusive, plus il est porté à détester l'infidélité; et de même qu'il est dans sa nature de reporter sur ses enfants l'amour qu'il porte à leur mère, il ne lui est pas moins naturel de reporter sur le fruit de la faute l'horreur que cette faute lui inspire : jamais il ne regardera que comme un étranger, comme un ennemi de sa famille, celui que la faute y a introduit; et ni la nature, ni l'éducation n'inspireront à cet enfant la moindre tendresse, le moindre respect pour le chef de la famille. En revanche, la plupart du temps, la mère coupable portera tout son amour, toute sa pitié, sur le fruit de la faute au détriment de ses autres enfants. De là, contradiction permanente d'affections et d'intérêts, luttes journalières, guerre ouverte dans la famille! — Quoiqu'à un moindre degré, l'infidélité de l'homme produit les mêmes conséquences.

Dans ces conditions, il est difficile, il est impossible que l'union se maintienne; ou du moins, si elle subsiste encore en apparence, en réalité l'esprit d'union n'existe plus. Par là, ce cercle étroit d'affections et d'intérêts, qui en était la conséquence, se trouve rompu; en réalité sinon en apparence, avec la possession exclusive, la famille a disparu.

La société résistera-t-elle?

Évidemment non. Que les cas de discorde et de conflit se multiplient dans les familles, que l'harmonie cesse d'exister entre les individus, et la société succombe, car, nous l'avons vu, c'est précisément cette harmonie qui constitue la société. Sans elle, conflit permanent de sentiments et d'intérêts entre les membres du corps social, guerre intestine, déchirement, renversement de la société.

De là, pour elle, nécessité de se défendre; nécessité de chercher et d'employer les moyens les plus efficaces pour maintenir la famille et prévenir sa dissolution : alliance naturelle entre la société et la famille.

Nous avons vu que la possession exclusive

peut *seule* maintenir l'union dans la famille. De là, nécessité pour la société de garantir cette possession. L'expérience et le bon sens nous apprennent que tout droit pour être respecté a besoin d'une sanction positive et religieuse : — Consacrer solennellement les droits réciproques de l'homme et de la femme, réprouver l'infidélité, lutter contre l'imperfection et les faiblesses de la nature humaine, retenir les époux dans le respect de leur union, par l'intérêt, par la crainte et la pudeur, et, la faute commise, s'efforcer d'en détruire le souvenir irritant et les conséquences dissolvantes, en creusant un abîme entre le bâtard et la famille, étouffer ainsi tout conflit d'intérêts entre lui et l'enfant légitime, ne reconnaître à ce malheureux que le droit de toute créature, le droit d'existence ; mettre enfin ses lois sous l'égide des mœurs et de la religion, — tel a dû être, tel a été en effet le but de la société. C'est ainsi que dans l'état social, ce qui constitue le mariage, c'est la possession exclusive reconnue en droit, consacrée par la loi et par la religion.

En dehors du mariage, les faiblesses, les violences, tous les germes de dissolution qui menacent les unions humaines, ne trouvent plus leur contrepoids et leur remède dans la sanction, sans qui tout droit et tout devoir s'évanouit. En dehors du mariage, ce qui fait l'impuissance radicale de la passion à constituer la famille, c'est son impuissance à créer des liens étroits et des affections durables, c'est son impuissance à produire cette communauté constante de sentiments et d'intérêts que *seul* le mariage peut produire et qui *seule* constitue la famille.

Tout cela nous prouve surabondamment, qu'introduire le bâtard dans la famille, c'est dissoudre le mariage et par conséquent la famille elle-même. Le mariage et la famille, voilà les deux grands pôles sur qui tourne le monde civilisé. Portez sur ces institutions une main sacrilége, introduisez le bâtard dans la famille, aussitôt mariage, famille, société, tout croule à la fois, et la civilisation rentre dans le néant!

Voyons maintenant si les faits s'accordent avec nos théories.

II. Ici l'histoire nous répond.

Chez tous les peuples, anciens ou modernes, pour peu que l'on observe avec quelque profondeur, l'on voit toujours la force et la prospérité des sociétés croître ou diminuer, en raison directe de la pureté ou du relâchement des mœurs publiques, c'est-à-dire du respect ou du mépris des lois du mariage et de la famille.

La cause de la durée — si courte relativement — des sociétés païennes, c'est que, dans leur sein, les religions ne venaient point prêter une sanction assez efficace aux principes constitutifs de toute société : au mariage et à la famille; et ces religions elles-mêmes, en dehors de l'éternelle vérité, et ne possédant d'autre principe de vie que le besoin de croire, — inhérent à la nature humaine et qui donne quelques jours d'existence, même à l'erreur, — ces religions, après un moment d'éclat et de vigueur apparente, ne tardaient pas à périr d'épuisement. De là cette rapide et effroyable dissolution des sociétés païennes qui semblent ne naître que pour périr; de là cette fastidieuse succession d'empires éphémères, Assyriens, Babyloniens, Mèdes, Persans, qui s'arrachent les premiers jours de l'histoire et n'y laissent qu'à peine leur nom. Cette succession n'est point l'œuvre du hasard : elle obéit à des lois immuables : à travers les épaisses ténèbres qui couvrent le berceau et la tombe de ces civilisations reculées, on voit poindre les causes de leur grandeur et de leur décadence : c'est toujours la vigueur de la famille, qui sert de mesure à la puissance du corps social ; et c'est toujours à mesure que ce principe de vie se retire des sociétés qu'elles disparaissent et sont remplacées par d'autres. Comparez, dans Xénophon, les mœurs si pures des Persans et la forte constitution de cette société encore jeune, avec la corruption et la décrépitude de la civilisation médique, et vous verrez que ce n'est point au génie d'un Cyrus qu'il faut attribuer l'élévation des uns et la chute des autres, mais au respect ou au mépris des lois constitutives de la société, c'est-à-dire du mariage et de la famille.

Cependant, au milieu de l'écroulement des empires, si nous voyons la société judaïque se maintenir intacte, en dépit des revers de la conquête et de la captivité, la cause en est principalement dans la fidélité du peuple juif à respecter les traditions de la vie patriarcale et les prescriptions étroites de la loi mosaïque, qui, plus rigoureusement que toute autre loi ancienne, consacre la sainteté inviolable du mariage et de la famille.

Les mêmes causes firent tour à tour la splendeur d'Athènes et de Lacédémone, des Thébains et des Macédoniens. Si le petit peuple des Grecs a renversé l'empire gigantesque des Persans, c'est que la corruption asiatique avait rongé ce corps immense jusqu'au cœur, tandis que chez les Grecs, à côté de la licence effrénée de la place publique, la femme renfermée dans le gynécée y gardait religieusement à son foyer, les principes avec les dieux de la famille.

Si Rome à son tour, parvenue à sa maturité, absorba les sociétés grecques, c'est qu'en elles les progrès de la philosophie épicurienne et le relâchement des croyances religieuses étaient parvenus à dissoudre et la famille et la patrie. « A Rome au contraire, selon les paroles de l'empereur Napoléon III, dans sa vie de César (1), la société était fondée sur le respect de la famille. » — « Dès l'origine, dit Mommsen, cité par l'auguste auteur (2), la famille romaine présentait, par l'ordre moral qui régnait entre ses membres, les conditions d'une civilisation supérieure. » La contagion vient à gagner Rome et Rome succombe à son tour. Ce qui retarda la chute du colosse, c'est le nouvel élément qui en

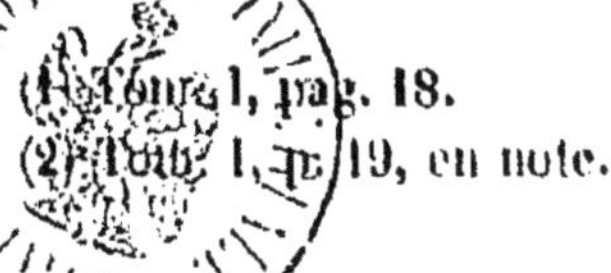

(1) Tome I, pag. 18.
(2) Ibid. I, p. 19, en note.

même temps s'introduisit dans le monde romain; ce fut l'esprit chrétien qui, en luttant contre les germes de dissolution, en resserrant les liens du mariage, en défendant énergiquement la famille, parvint à ralentir la chute inévitable d'une société condamnée.

Avec le christianisme et la disparition des civilisations antiques, une nouvelle phase commence pour le monde. N'allez point nous dire que les envahisseurs barbares du monde romain ne valaient guère mieux que les païens : la brutalité des mœurs barbares ne justifie point cette assertion. Lisez, dans Tacite, l'admirable tableau des mœurs germaines, et vous reconnaîtrez là une civilisation vivace quoique barbare, une civilisation toute fondée sur le respect du mariage et de la famille, et présentant par conséquent les conditions d'une civilisation supérieure. Quant aux fractions du monde barbare, qui apportèrent ou gagnèrent dans le monde romain les vices qui dissolvent les sociétés, elles ne tardèrent point à tomber sur ses ruines. Ainsi s'éclipsèrent, en un moment, la civilisation vandale, en Afrique, et celle des Goths, en Italie; mais, en général, nous le répétons, par le respect des liens du mariage et de la famille, les mœurs barbares présentaient toutes les conditions d'une civilisation supérieure.

Peu à peu la société barbare devenue chrétienne se dégage des éléments païens qui la gênent. Alors nous assistons à ce merveilleux épanouissement de l'humanité, qu'on appelle le moyen âge. Et remarquons bien que ce ne sont nullement les institutions politiques qui font la grandeur de cette époque et forcent notre admiration : Quoi de moins propre que la féodalité, c'est-à-dire la décentralisation à l'infini, pour accomplir de grandes entreprises! Mais telle fut l'énergie du christianisme à rendre indissolubles les liens du mariage et de la famille, si générale fut son influence sur les mœurs et sur les esprits, qu'à cette époque toute la société chrétienne, concentrée en une masse compacte, en une seule famille, pour ainsi dire, réussit à soutenir et à repousser les attaques d'une société, alors dans toute la vigueur de la première jeunesse, société peut-être égale sous le rapport de la vie politique, bien supérieure sous le rapport de la vie matérielle, et dont l'unique faiblesse, faiblesse capitale qui cause maintenant sa dissolution, fut la constitution imparfaite de la famille, la tolérance de la polygamie.

Ce qui fait le caractère distinctif des temps modernes, ce qui sépare essentiellement le monde chrétien du paganisme, c'est la vitalité extraordinaire, la jeunesse sans cesse renouvelée des sociétés qui se transforment sans s'épuiser. Remarquons-le bien : de nos jours, plus de ces civilisations factices, plus de ces sociétés sans consistance, qui après avoir brillé longtemps du plus vif éclat, tout à coup, par un accident, s'éteignent sans laisser derrière elles la moindre lueur. Telles furent Babylone, Ninive, Carthage....... En vain nous expliquera-t-on que ces peuples ont été exterminés et leurs capitales détruites de fond en comble. Une civilisation ne s'étouffe pas dans une ville; on n'extermine point une nation; un peuple vivant ne meurt jamais : témoin la Grèce chrétienne sous le joug musulman. Non; c'est qu'en eux, tout ce qui fait la force de cohésion des sociétés, c'est-à-dire la famille, imparfaitement défendue par les lois et par la religion, ne soutenait plus la société chancelante; aucune sève n'animait plus ce corps dont les membres défaillaient, et en tombant il ne laissait que poussière. — Aujourd'hui au contraire, le christianisme, en établissant le mariage et la famille sur des bases inébranlables, ne permet plus ces catastrophes : Si les révolutions, les conquêtes, le besoin d'unité, la centralisation à outrance bouleversent les sociétés, changent la constitution ou la forme des États, nous voyons les populations englobées ou conquises se fondre, sans crise violente, avec leurs nouveaux maîtres : jamais une annexion ou une conquête n'anéantit une société. C'est qu'aujourd'hui — toutes les sociétés reposant sur les principes du christianisme, sur la sainteté du mariage — la famille indissoluble, la famille qu'à moins d'exterminer, rien ne saurait détruire, lorsqu'elle ne contient pas en elle-même des causes de dissolution, la famille soutient la société (1).

(1) Remarquons, en terminant ce résumé, que jamais société, antique ou moderne, quel que fût le degré de corruption qu'elle eût atteint, si près qu'elle fût du moment de sa dissolution, ne s'était mise en opposition aussi directe avec les lois constitutives des sociétés que l'a fait le code Cousa. A part les législateurs de l'an II, ces *bourreaux barbouilleurs de lois*, sur qui nos réformateurs semblent avoir voulu se modeler, et dont les lois ne furent qu'un accident sans conséquence dans l'histoire de la civilisation française, aucun législateur n'avait encore osé mettre sur la

Ainsi, à travers les âges, Dieu nous laisse entrevoir la loi éternelle de l'humanité. Les voies de Dieu sont impénétrables; l'humanité marche, Dieu la mène; Dieu sait ce qu'il fait, mais les hommes n'en savent rien. Cependant, si tant de causes nous échappent, si tant de faits nous demeurent inexplicables, au milieu de nos incertitudes, de nos erreurs et de nos ignorances, malgré la faiblesse de notre vue, une vérité nous apparait clairement, comme le flambeau qui doit guider l'humanité dans sa route : c'est que, — seul, le respect des lois du mariage et de la famille est le principe de vie des sociétés.

C'est pourquoi, tout véritable homme d'État s'attache avant tout à maintenir les lois du mariage et de la famille, comme la source de toute gloire et de toute puissance. Des abus, des iniquités de toutes sortes, les droits politiques les plus saints foulés aux pieds, tout cela ne suffit

même ligne le bâtard et l'enfant légitime; aucune loi n'avait reconnu et légitimé l'inceste; et même les législateurs de l'an II sont forcés d'établir une distinction capitale entre les enfants naturels simples et les enfants adultérins : ce n'est qu'à *titre d'aliments* qu'ils accordent à ces derniers une portion restreinte du patrimoine de leurs auteurs. (*Note de l'éditeur.*)

pas toujours à renverser un gouvernement; ces fautes même accumulées pendant des siècles ne suffisent pas toujours à renverser les sociétés; l'Église même attaquée (1) peut laisser la société debout : Dieu reste dans son repos, patient parce qu'il est éternel. — Mais touchez au mariage, touchez à la famille, aussitôt la société chancelle, un malaise profond embarrasse toutes les fonctions du corps social; alors vous assistez au phénomène étonnant d'une société unissant aux raffinements de la civilisation la plus avancée la dissolution des éléments constitutifs de toute civilisation et de toute société; alors, au milieu des hordes barbares, sous les traits d'un héros sauvage, c'est la civilisation bannie qui vient frapper vos murs : du fond de l'Asie, des fanges Méotides, Dieu déchaîne son fléau vengeur; c'est la société tout entière, qui se soulève contre la barbarie; c'est l'humanité qui lui crie de sa grande voix, comme Dieu à l'Océan révolté : « Tu n'iras pas plus loin! »

Princes réformateurs! amants passionnés de l'humanité, qu'avez-vous à lui répondre? —

(1) On remarquera que nous disons l'*Église* et non pas *la religion*. (*Note de l'éditeur*.)

« L'on n'a pas le droit de punir des innocents : en quoi ces malheureux sont-ils coupables du crime de leurs parents? » Eh quoi! un droit que vous accorderiez sans peine, au pire des gouvernements, le droit de se défendre, le droit d'exister, vous le refusez à la société! Quoi! pour soutenir le moins justifiable des coups d'État vous feriez revivre la loi des suspects (1), vous plongeriez sans scrupule l'innocent dans les cachots, vous l'en retireriez, au gré de vos caprices, sans le juger, sans même lui chercher de crime (2)! Et vous accusez la société de défendre la famille, d'en repousser des éléments qu'elle ne pourrait admettre dans son sein sous peine de mort; vous l'accusez d'exister!........... Mais non! Laissons là ces arguments : la société n'en est pas réduite à se servir de vos armes; elle sait bien que l'emploi de tout moyen illégitime tournerait contre elle. Mais dans les lois

(1) *Circulaires ministérielles* du 2 mai 1864 et suivantes. — *Proclamations princières* et *décrets* du 2 mai et suivants. (Lire le *Moniteur officiel de Roumanie*, à partir du 2 mai 1864.)

(2) Par exemple : arrestation et mise en liberté arbitraires, sans aucun jugement, de monsieur Balsch en Moldavie, de monsieur de Souzzo, en Valachie... et... nous en passons.

tutélaires du mariage et de la famille, qui régissent toute société, où voyez-vous donc la moindre *peine* portée contre le bâtard? Quel *droit* lui ravit-on? — « L'hérédité, dites-vous, les droits de la famille, des droits naturels. » — L'hérédité, les droits de la famille, des droits naturels!... soit : je vous l'accorde (1). Et quand même l'hérédité, les droits de la famille seraient des droits naturels, ce ne peuvent être des droits naturels *que dans la limite des lois de la nature.* Et n'est-ce pas la nature qui nous crie éloquemment, que la famille est le produit de la possession exclusive, c'est-à-dire du mariage, et rien que du mariage? Ainsi pour ces créatures déshéritées tout le droit se réduit au droit du reste des créatures, au droit d'existence : et ce droit, les nations civilisées l'ont respecté, en leur accordant des aliments. — C'est à cela qu'aboutissent tous les sophismes de nos philo-

(1) Nous ferons observer qu'une grande controverse divise à ce sujet les jurisconsultes. Des hommes éminents, M. Portalis en tête, refusent absolument à l'hérédité, aux droits de famille, la qualité de droits naturels et ne les reconnaissent que comme des droits sociaux. Mais cela n'importe nullement à notre argumentation. (*Note de l'éditeur.*)

sophes humanitaires; et voilà donc tout le fruit de leur passion malheureuse pour l'étude des lois de la nature!

Finissons-en avec toutes ces divagations. Pour nous, plus nous y réfléchissons, plus l'indignation fait place en nous à d'autres sentiments. Nous nous demandons si de telles aberrations sont bien du domaine de la politique et de la morale, et si elles ne sont pas plutôt du ressort de la thérapeutique? Nous laissons cette appréciation aux spécialistes.

III. Nous avons rempli notre devoir : nous avons dénoncé au monde civilisé le plus insolent défi qu'on eût jeté jamais aux lois primordiales de la civilisation. Les sociétés sont solidaires entre elles, pour tout ce qui touche à leurs principes constitutifs : le mariage et la famille; nous citons à leur barre un code effronté qui viole toutes les lois divines et humaines, et c'est avec une pleine confiance, que nous attendons leur verdict. Les lois ne sont légitimes qu'autant qu'elles sont le fruit du progrès et de la civilisation; nous avons une foi inébranlable dans ces dogmes du monde moderne; nous avons foi dans l'Europe civilisée, et, quoique bien jeune encore, nous espérons ne point vivre assez pour la voir assimiler la vérité au mensonge, l'enfant légitime au bâtard, le Code Napoléon au Code Cousa !

NICOLAS DE ROSETTI ROSNOVANO.

DU DROIT DE SUCCESSION

DES

ENFANTS NATURELS,

D'APRÈS

LE CODE CIVIL ALEXANDRE-JEAN

COUSA.

La famille! Voilà le centre de nos affections les plus chères, et, par cela même, le centre de nos droits et de nos devoirs. Qui dit société dit en même temps famille, car la société n'est que l'ensemble de toutes les familles.

En effet, « c'est par la petite patrie, c'est-à-dire par la famille, dit Portalis, que nous nous lions, que nous nous attachons à la grande patrie, qui est le pays. Seules, les vertus privées peuvent être une garantie de vertus publiques. Les bons parents, les bons époux, les bons fils font en même temps les bons citoyens. Il est donc d'un intérêt suprême et essentiel pour une société de sanctionner et de protéger par ses institutions civiles toutes les affections honnêtes de notre nature. A la corruption des hommes il ne faut pas ajouter encore la corruption des lois : car, lorsque les abus sont l'œuvre des passions, ils peuvent être corrigés par les lois, mais lorsque les abus sont l'œuvre des lois, oh! alors le mal est incurable, car il se trouve dans le remède même! »

Quand je me rappelle ces paroles du discours préliminaire prononcé, lors de la présentation du projet de code civil élaboré par la commission du gouvernement français, commission composée de quatre hommes éminents : *Portalis, Bigot Préameneu, Tronchet et Maleville*, quand je me rappelle ces paroles, et que je jette ensuite les yeux sur notre nouveau code civil, qui n'est qu'un enfant débile du Code Napoléon, j'arrive forcément à la conclusion (et je désire de tout mon cœur m'être trompé), j'arrive, dis-je, à la conclusion, que cet enfant, en contradiction avec les principes solides de son auteur, c'est-à-dire du Code Napoléon, a osé, selon l'expression de Portalis, à la corruption des hommes ajouter la corruption des lois.

De faire ou de traduire des lois qui mettent une borne aux abus du passé; de renverser une législation vicieuse et de la remplacer par une nouvelle, sinon parfaite, du moins meilleure, c'est, de l'aveu de tout le monde, le premier devoir du pouvoir législatif d'un pays. Mais de proclamer une loi nouvelle plus mauvaise que celle qu'elle remplace, de soulever une loi, qui foule aux pieds les principes les plus élevés de religion et de morale, de s'ériger en protecteur de la famille et par suite de transplanter sur le sol roumain des principes modernes, tels par exemple que ce grand et salutaire principe : le mariage est un contrat civil; — et ensuite de glisser par-ci, par-là, à la dérobée, quelque loi vicieuse, — de semer une moisson d'abus et d'immoralité et, par conséquent d'affaiblir, d'ébranler sur ses bases la famille elle-même, c'est-à-dire précisément cette base de toute société, que le législateur laissait d'abord paraître l'intention d'établir sur des fondements solides, — tout cela me force à me rappeler et imprime plus profondément dans mon esprit ces paroles de Portalis : « Lorsque les abus sont l'œuvre des lois, le mal est incurable, car il se trouve dans le remède même. »

Toutefois je ne perds point courage, et comme cet enfant, qui les larmes aux yeux supplie son père de ne point remplacer par une maison de carton un édifice en pierre de taille, d'une voix timide, et dans la limite de mes faibles connaissances juridiques, je m'efforcerai de prouver jusqu'à l'évidence (je m'en flatte) que la majorité de notre conseil d'État (car je ne puis admettre que ce soit l'unanimité) n'a fait qu'élever une maison de carton à la place d'un édifice en pierre de taille; et ainsi, je me permettrai d'attirer l'attention du gouvernement, sur le système de la succession des enfants naturels d'après notre nouveau code, système qui me paraît non-seulement vicieux, mais destructeur de toute famille.

Cela dit, je passe à l'examen de la question :

La loi française reconnaît six classes d'enfants :

1° Les enfants *légitimes*, c'est-à-dire les enfants conçus ou nés pendant le mariage de leurs père et mère.

2° Les enfants *légitimés*, c'est-à-dire les enfants qui, simples enfants naturels au moment de leur conception, sont devenus légitimes après coup, par le mariage de leurs père et mère.

3° *Les enfants simples naturels.* Tout enfant conçu hors du mariage est naturel. On l'appelle *naturel simple*, quand le commerce d'où il est né ne constitue ni un *adultère* ni un *inceste*, c'est-à-dire lorsqu'il est issu de deux personnes qui, au moment *de sa conception*, étaient libres de tout lien conjugal, et entre lesquelles il n'existait aucun lien de parenté ou d'alliance susceptible de faire obstacle à leur mariage.

4° *Les enfants naturels* ADULTÉRINS. On appelle *adultérin* l'enfant qui est issu de deux personnes qui, à l'époque de sa conception, n'auraient pas pu se marier ensemble, parce que l'une d'elles ou toutes les deux étaient déjà engagées dans les liens d'un précédent mariage encore existant.

5° *Les enfants naturels* INCESTUEUX. Est *incestueux* l'enfant dont les père et mère étaient à l'époque *de la conception* unis par un lien de parenté ou d'alliance susceptible de faire obstacle à leur mariage.

6° *Les enfants adoptifs,* c'est-à-dire ceux dont la filiation a sa source dans un contrat solennel intervenu entre eux et la personne qui les accepte pour enfants.

La filiation est la source des droits les plus importants. Ces droits sont plus ou moins étendus, suivant la qualité de l'enfant. — (Mourlon, *Répétitions*, 1 vol., pag. 431-432.)

Et cependant notre nouveau code civil ne reconnaît qu'une seule classe d'enfants naturels! D'après lui tout enfant né hors du mariage est naturel. Ainsi il supprime la subdivision des enfants naturels en *naturels simples*, *adultérins* et *incestueux*. Ces expressions même lui déplaisent, et il refuse de s'en servir. Mais de ce qu'il évite d'employer ces expressions, résulte-t-il pour cela que ces diverses classes d'enfants naturels n'existeront plus? Nullement; et tout en évitant d'employer d'autres expressions que celles d'enfants naturels, les traducteurs eux-mêmes du Code Napoléon reconnaissent l'existence des enfants adultérins et incestueux et règlent leur situation sous le rapport du droit à la succession (1).

Mais comment la règle-t-il? C'est ici que je trouve le coup le plus sanglant porté aux grands principes de religion et de morale. Ici, qu'il me soit permis de dire que notre législateur n'a fait qu'innover et détruire, sans autrement se préoccuper de la solidité de l'édifice qu'il élevait sur les ruines de notre ancien code, qui nous a régi, un demi-siècle; et si sous d'autres rapports je me réjouis de me voir soustrait à son empire, sous le rapport du droit de succession des enfants naturels, je suis désolé jusqu'au fond de l'âme de m'y être soustrait! Quand je jette les yeux sur le Code Napoléon, chapitre des successions irrégulières, et quand je jette les yeux sur notre Code civil de 1817, art. 944-948, et qu'ensuite j'ouvre le Code Alexandre-Jean et que je lis les art. 652, 677, 679, j'ai le cœur serré d'une douleur amère; je saisis instinctivement le discours préliminaire de Portalis et j'admire ces belles paroles pleines d'un sens si profond : « La faveur du mariage, le maintien des bonnes mœurs, l'intérêt de la société veulent que les enfants naturels

(1) Art. 677. Les enfants naturels, *lors même que le mariage serait prohibé* entre leurs père et mère, succèdent à leur mère, aux ascendants et aux collatéraux de leur mère, comme les enfants légitimes.

(*Note de l'auteur.*)

ne soient pas traités à l'égal des enfants légitimes... Il faut seulement leur garantir dans une mesure équitable les secours que l'humanité sollicite pour eux... »

« ... Notre objet a été de lier les mœurs aux lois et de propager l'esprit de famille qui est si favorable, quoi qu'on en dise, à l'esprit de cité... » (Fenet, *Travaux préparatoires du Cod. civ.*, tom I, pag. 522.)

Quand je lis et que je relis ces paroles du discours préliminaire de Portalis, et que, réfléchissant mûrement, je me demande si notre législateur s'est efforcé lui aussi, d'après l'exemple de ses maîtres dont il traduit l'œuvre, de lier les mœurs aux lois et de propager l'esprit de famille, je vois (puissé-je me tromper!) qu'au lieu de lier par ses dispositions les bonnes mœurs aux lois, il est arrivé, au contraire, par un rare excès d'audace, j'allais dire de démence, à renverser précisément ce qu'il devait se proposer de fortifier le plus, c'est-à-dire la famille!

J'en finis avec ces considérations et ces réflexions qui seront traitées par nos philanthropes de piquante phraséologie. Je vais m'efforcer de faire en peu de mots, d'après l'ancien et savant professeur Demolombe, l'historique de la jurisprudence française sur les enfants naturels.

L'ancienne jurisprudence française se montrait

fort sévère envers les enfants naturels, et avant le Code Napoléon c'était une règle constante en France que les bâtards ne succèdent pas. (Art. 310 de la *Coutume d'Orléans.*)

C'était aussi la règle de presque toutes les coutumes, à l'exception de quelques-unes qui se faisaient remarquer, dit Lebrun, par la succession attribuée aux bâtards, non-seulement sur le bien de leur mère, mais sur ceux mêmes de leurs parents maternels, comme cela se passait dans le droit romain primitif (1), et comme nous le dit hélas! l'art 677 du nouveau Code civil, qui doit nous régir à partir du 1er juillet 1865.

Mais, à part ces exceptions, qui paraissaient tellement exorbitantes que l'application en était contestée, même dans les pays régis par ces coutu-

(1) Quand l'auteur dit que le droit romain primitif accordait *aux bâtards* le droit de succession à la fortune de leurs parents, il entend par *bâtards* les enfants issus d'une union particulière, reconnue par le droit romain, sous le nom de *concubinat,* en opposition avec le mariage solennel. (*Justæ nuptiæ.*) En réalité le concubinat, bien que dépourvu de certaines formes religieuses ou civiles, qui appartenaient exclusivement au *droit quiritaire,* constituait une sorte de mariage; il était régi par des lois comme les *justæ nuptiæ;* de même qu'on ne pouvait avoir plusieurs femmes, on ne pouvait avoir plusieurs concubines, etc., etc... Mais on se tromperait gravement, si on croyait que chez les Romains, à aucune époque, on eût assimilé aux enfants légitimes les enfants naturels, nés du caprice, en dehors de tout lien juridique et social.

(*Note de l'éditeur.*)

mes, le droit commun en France était, que les bâtards ne succèdent ni à leur mère, ni à leurs parents maternels, ni à leur père.

Ils avaient droit, cela est vrai, à des aliments; mais pour ce qui touche à un droit quelconque à la succession, l'ancienne jurisprudence française le leur a toujours refusé; et à défaut de parents, au degré successible, la succession était dévolue au conjoint survivant ou à l'État, à l'exclusion des enfants naturels du *decujus,* c'est-à-dire du défunt.

Les principes qui triomphèrent par la révolution de 1789 devaient nécessairement améliorer la condition des enfants naturels ; et un tempérament modéré apporté à la rigueur avec laquelle avaient été traités jusque-là les enfants naturels aurait été reçu et applaudi de tous.

Mais hélas! s'écrie l'illustre professeur Demolombe, ce n'était pas le temps des réformes modérées, et la réaction dans sa violence franchit toutes les bornes.

La loi du 4 juin 1793 décide d'abord en principe que les enfants nés hors du mariage succéderont à leurs père et mère dans la forme qui sera déterminée.

Peu de temps après, la loi du 12 brumaire an II proclame que leurs droits de successibilité (à la fortune de leurs père et mère) seront les mêmes que ceux des enfants légitimes (art. 2), et qu'à défaut d'héritiers directs il y aurait lieu à une successibilité réciproque entre eux et leurs parents collatéraux (art. 9).

L'art. 13 n'excepte de cette disposition que les enfants adultérins auxquels est accordé, seulement à titre d'aliments, en pleine propriété, le tiers de la portion à laquelle ils auraient eu droit s'ils étaient nés du mariage.

Ainsi il n'existe plus de différence entre l'enfant né d'une union légitime et l'enfant qui est le fruit du désordre. L'enfant naturel a dans la succession de son père, de sa mère, de ses parents paternels et maternels les mêmes droits que l'enfant légitime ; il entre dans la famille.

Et pour qu'il ne manque rien à de pareils excès, la loi du 12 brumaire an II, par une rétroactivité monstrueuse décide que ces dispositions s'appliqueront dans le passé aux successions ouvertes à partir du 14 juillet 1789 (art. 1-7).

En face de pareils égarements législatifs, il ne faut pas s'étonner si l'on voit en France les pouvoirs publics, législateurs et magistrats, s'efforcer de remédier par tous les moyens aux effets désastreux et au scandale de ces lois.

Sans m'occuper des lois successives qui tendirent à abolir des principes aussi extravagants, je me bornerai à dire seulement que la nation française attendait avec une si grande impatience le renversement de ce régime intolérable, que les rédacteurs du Code Napoléon, pour calmer l'effervescence publique et consolider les bases de l'ordre public, crurent devoir déclarer, avant même d'en arriver au chapitre de la succession, qu'ils ne suivraient point l'exemple scandaleux de leurs devanciers, et qu'il n'entrait nullement dans leur pensée d'accorder les mêmes droits aux enfants naturels qu'aux enfants légitimes. Ainsi, traitant de la reconnaissance des enfants naturels, ils ne manquent pas de déclarer dans l'art. 338 que l'enfant naturel reconnu ne pourra pas réclamer les droits de l'enfant légitime.

Cela dit, cherchons les considérations capitales qui dominent ce difficile problème de la successibilité des enfants naturels. Et, à ce sujet, je rouvre le traité de l'illustre professeur Demolombe et je lui laisse la parole : « Le but politique et social de la « transmission héréditaire des biens, c'est la con- « servation des familles ; or, les enfants nés hors « mariage ne sont point dans la famille de leurs « père ou mère, donc ils sont, par cela même, en « dehors du système général des successions ; et « l'honneur du mariage, d'accord avec l'intérêt « des familles, ne permet pas, en effet, que l'on « attribue aux fruits du désordre les droits héré- « ditaires qui appartiennent aux enfants issus d'une « union légitime.

« Mais, d'un autre côté pourtant, l'auteur de « l'enfant naturel a contracté envers lui, par le fait « même de la génération, l'obligation de lui laisser « les moyens de soutenir la vie qu'il lui a donnée ; « l'équité, l'humanité exigent que cette obligation « soit remplie ; et l'État lui-même y est intéressé, « afin que les enfants illégitimes dénués de toutes « ressources ne deviennent pas dans son sein un « embarras et un péril.

« Voilà les deux considérations capitales qui « dominent ce difficile problème ; et la solution la « meilleure sera celle qui, par une conciliation « prudente et mesurée, aura su faire une part suffi- « sante à chacune d'elles. » (Demolombe, *Traité des successions,* tom. 14.)

Le Code Napoléon, c'est-à-dire le Code civil de la France, traduit par notre conseil d'Etat, a fait dans cette matière une sorte de transaction entre l'ancien droit et le droit intermédiaire : évitant de tomber dans l'excès de sévérité avec laquelle la législation antérieure à l'année 1793 traitait les enfants nés hors du mariage, il fut en même temps assez intelligent pour mettre un terme à la scandaleuse indulgence de la législation de l'an II.

Ainsi il fait une distinction essentielle entre les enfants naturels simples et les enfants adultérins ou incestueux. Et en vérité il est impossible, dit le célèbre Demolombe, de mettre sur la même ligne l'enfant naturel simple et l'enfant incestueux ou adultérin, dont la filiation néfaste est un attentat aux principes les plus essentiels de la famille et de l'État.

D'après le Code Napoléon et d'après notre Code civil de 1817, l'enfant naturel simple a un droit à la succession; mais ce droit est moins étendu que celui de l'enfant légitime (1). L'enfant adultérin ou incestueux n'a droit qu'à des aliments.

Voyons maintenant ce que nous dit le Code civil Alexandre-Jean :

Par la combinaison des art. 652 et 677, le premier venu peut se convaincre que sous le rapport de la succession de la mère, des ascendants et des collatéraux maternels, non-seulement les enfants naturels simples, mais les enfants adultérins et incestueux eux-mêmes sont mis sur la même ligne que les enfants légitimes (2).

(1) Voy. Cod. Nap., art. 756-766 — Voy. cod. du prince Calimachi, art. 944-948. J'attirerai surtout l'attention sur l'art. 948 qui s'exprime de la manière suivante : « Les enfants nés d'autres unions, défendues et illégitimes, sont écartés de la succession de leurs parents comme indignes. Toutefois, pour l'amour de l'humanité, les héritiers légitimes sont tenus de leur fournir chaque année les choses nécessaires à la vie. » Le mot d'enfant adultérin ou incestueux n'est donc point prononcé, mais il est hors de doute que cet article ne s'applique qu'à cette classe d'enfants naturels puisque les art. 944-947 règlent les droits des enfants naturels simples.

(2) Art. 652. La loi règle l'ordre de la succession entre les hé-

Ici surgit cette question : où doit nous conduire cette parfaite, mais j'ose le dire immorale et révoltante assimilation? Écoutez : quelques exemples mettront au jour le sens caché qui se trouve dans l'art. 677.

Paul en vertu de l'art. 211 réclame le divorce pour cause d'adultère, montrant que l'enfant né de Sophie sa femme n'est pas sien, c'est-à-dire n'est pas de ses œuvres. Le procès se juge d'après toutes les formes, et Paul en sort vainqueur sous tous les rapports. Il obtient donc le divorce, et Sophie sa femme est déclarée coupable d'adultère.

Quelles seront les conséquences ultérieures de ce procès? Les voici :

ritiers légitimes; les enfants naturels, par rapport à la succession de leur mère et de ses collatéraux, sont assimilés aux enfants légitimes et vice-versâ. A défaut d'héritiers légitimes ou naturels les biens sont dévolus au conjoint survivant.

Art. 677. Les enfants naturels, *quand même le mariage serait prohibé entre leurs père et mère*, succèdent à leur mère et à leurs ascendants et collatéraux maternels, comme les enfants légitimes.

Il est plus qu'évident que cet art. 677, par ces mots « quand même le mariage serait prohibé entre leurs père et mère », comprend dans le groupe des enfants légitimes tous les enfants naturels, sans aucune distinction d'enfant naturel simple, adultérin ou incestueux.

Art. 679. Quand le défunt n'a ni parent au degré successible, ni enfant naturel (remarquons que le traducteur a supprimé l'exception que fait le Code Napoléon des enfants adultérins et incestueux), ses biens passent au conjoint survivant. (*Note de l'auteur.*)

Le législateur, dans l'intérêt des bonnes mœurs, et pour mettre autant qu'il est en son pouvoir une barrière aux relations coupables, prohibe par l'art. 279 le mariage entre le conjoint coupable d'adultère et son complice. « En cas de divorce pour cause d'adultère, dit cet article, l'époux coupable d'adultère ne pourra jamais se marier avec son complice.

Ouvrant ensuite le Code pénal, je lis la disposition suivante : le coupable d'adultère ainsi que son complice seront punis d'un emprisonnement de un mois à six mois (Cod. pén., art. 269).

Dans quel but le législateur fait-il tout ceci ? Il n'est pas besoin d'être docteur ou licencié pour répondre : afin de défendre les bonnes mœurs et de ne point encourager les relations coupables. — Jusqu'ici rien de plus beau, rien de plus moral.

Faisons maintenant un pas en avant et demandons-nous ce que fera le législateur de cet enfant adultérin de Sophie?

Ici il abandonne le droit chemin qu'il avait pris et tombe dans un abîme. En effet, du moment qu'il met cet enfant adultérin sur la même ligne que les autres enfants légitimes de Sophie, voici les belles et morales conséquences qui en découlent.

Supposons que Sophie meure. Qui va recueillir sa fortune, quels seront ses héritiers? — Ses enfants. Mais quels enfants ? Tous, sans aucune distinction de légitimes ou de naturels; tous, sans aucune distinction de naturels simples, d'incestueux ou d'adultérins, en sorte que Paul, le bon père de famille, déjà frappé par la conduite immorale de Sophie sa femme, devra souffrir encore de voir une partie de la fortune de Sophie, due à ses enfants légitimes, à ses propres enfants, — il verra une partie de cette fortune passer... à qui ? Au fruit du désordre! A cet enfant adultérin issu de relations illicites condamnées par la religion et la morale, condamnées par le législateur lui-même!

Mais, grand Dieu! comment cet enfant, ce fruit du désordre, cette preuve vivante d'immoralité, peut-il être assimilé à l'enfant légitime, à cet enfant fruit d'une union que toutes les lois du monde ancien ou moderne honorent et respectent! Mettre sur la même ligne l'enfant légitime et l'enfant adultérin, c'est porter un coup mortel au mariage, c'est-à-dire à la source sacrée de la famille! Comment! moi, l'enfant légitime je serais forcé de souffrir à mes côtés cet enfant adultérin? Comment! il serait en droit de me dire en face : Ta mère Sophie est ma mère! Et quand je lui répondrai : Quel est ton père? il me dira : Mon père? ce n'est point Paul : c'est l'amant de notre mère! En d'autres termes, il me brisera le cœur par le souvenir des déportements de ma mère légitime, déportements que moi, comme fils, je ne puis ni juger, ni caractériser!

Avec un pareil régime, que devient l'honneur du mariage, que devient la paix des familles? J'avoue qu'en face d'un pareil système de succession je commence à perdre les notions les plus élémentaires du droit, j'avoue que mon intelligence m'abandonne et ne peut m'aider à concevoir les hautes considérations qui ont forcé notre législateur à introduire sur la terre roumaine l'art. 677 du Code civil.

S'il m'était permis d'observer que le Code civil Alexandre-Jean est importé chez nous par un gouvernement révolutionnaire, dans un moment de transition, je n'oublierais pas de citer le passage suivant du discours préliminaire de Portalis :

« Si l'on fixe son attention sur les lois civiles, « c'est moins pour les rendre plus sages ou plus justes, que pour les rendre plus favorables à ceux « auxquels il importe de faire goûter le régime qu'il « s'agit d'établir. On renverse le pouvoir des pères « pour que les enfants se prêtent davantage aux « nouveautés. L'autorité maritale n'est pas res« pectée, parce que c'est par une plus grande « liberté donnée aux femmes que l'on parvient « à introduire de nouvelles formes et un nouveau « ton dans le commerce de la vie. On a besoin de « bouleverser tout le système des successions,

« parce qu'il est expédient de préparer un nouvel « ordre de citoyens par un nouvel ordre de pro- « priétaires. A chaque instant les changements « naissent des changements, et les circonstances des « circonstances. Les institutions se succèdent avec « rapidité sans qu'on puisse se fixer à aucune, et « l'esprit révolutionnaire se glisse dans toutes. « Nous appelons *esprit révolutionnaire* le désir « exalté de sacrifier violemment tous les droits à « un but politique, et de ne plus admettre d'autre « considération que celle d'un mystérieux et va- « riable intérêt d'état. » (Fenet, *Travaux prépara- toires du Code civil. — Discours préliminaire de Portalis*, p. 465, tom. 1.)

Jusqu'à présent je n'ai parlé que du droit de succession de l'enfant adultérin. Faisons encore un pas en avant pour mieux nous rendre compte de l'abîme où nous marchons.

Primus a des relations intimes, des relations d'amour avec sa nièce Anna. Plusieurs enfants sont nés de ces relations odieuses. La naissance de ces enfants est inscrite aux registres de l'état civil, avec déclaration du nom de leur mère seulement. Quelques mois après Primus vient aussi et reconnaît ses enfants. En droit français la reconnaissance des enfants adultérins et incestueux est prohibée. La loi française ne souffre pas qu'on mette en lumière de semblables déportements qui remplissent d'horreur toute âme honnête. Les rédacteurs du Code Napoléon, pour l'honneur et la paix des familles, s'efforcent de jeter un voile sombre sur des coups aussi sanglants aux principes les plus élevés de religion et de morale.

Mais sous l'empire de notre nouveau Code civil, non-seulement la reconnaissance, mais même la légitimation des enfants adultérins et incestueux est permise (1)!

Eh bien! voici que les enfants nés du commerce d'Anna avec son oncle Primus sont reconnus. Que va-t-il arriver? Faites attention.

Supposons qu'Anna meure, laissant trois enfants incestueux. Quelques mois après supposons que

(1) Comparant d'abord l'art. 304 de notre Code avec l'art. 331 du Code Napoléon, nous voyons que les mots : « autres que ceux nés d'un commerce incestueux ou adultérin » ne sont pas reproduits dans l'art. 304 qui s'exprime en ces termes : « les enfants nés ou conçus hors du mariage.

De la suppression de ces mots : autres que ceux nés d'un commerce incestueux ou adultérin, » il faut conclure que la légitimation des enfants incestueux et adultérins peut avoir lieu chez nous.

Comparant ensuite le ch. III, tit. VII, du liv. I de notre Code avec le chapitre correspondant du Code français, nous voyons que la section II : *De la reconnaissance des enfants naturels*, est laissée de côté. Dans cette section la reconnaissance des enfants adultérins et incestueux est prohibée. De la suppression de cette section il faut conclure que la reconnaissance de cette classe d'enfants est permise, autrement on ne pourrait s'expliquer la suppression de cette section.

la mère d'Anna, Marie, meure aussi, laissant quatre enfants légitimes. Qui va recueillir les biens laissés par Marie ? Ses enfants légitimes? — Non! A côté de ses quatre enfants, viendront encore, par droit de représentation, les trois enfants incestueux d'Anna pour recueillir la portion d'hérédité qui serait revenue à leur mère, Anna, si elle s'était trouvée encore en vie! Il faut convenir qu'avec ce système rien ne peut plus désormais être respecté! Comment! moi, enfant légitime, moi, né d'une mère honorée par la loi, je serais forcé de voir dans la maison de ma mère, dans la maison de mon père, sur le domaine arrosé de leurs sueurs, je serais forcé de voir, se disputant leurs droits pécuniaires, tous ces enfants incestueux, que ma malheureuse sœur, dans sa folle passion, avait mis au jour? Comment! nous tous, enfants légitimes, nous serions forcés de baisser la tête et de voir entrer dans notre famille tous ces enfants dépravés, dont les déportements scandaleux avaient mis avant le temps notre mère au tombeau? Grand Dieu! Mais où en arrivons-nous avec un tel système! La maison de nos parents serait ainsi souillée par l'apparition de ces créatures sur le seuil paternel! Et que votre père vienne à mourir à son tour, nous serions forcés, nous, enfants légitimes, de donner une part du patrimoine paternel, patrimoine qui n'est et ne peut être dû qu'à nous, nous serions forcés de sacrifier une part de ce patrimoine de la famille, au profit de ces enfants adultérins et incestueux, qui accourent en toute hâte pour se mettre à nos côtés, en vertu du droit de représentation ? Oh ! ici, je l'avoue, mon esprit s'obscurcit, et je ne sais plus comment raisonner lorsque je vois renverser tous les principes d'honnêteté et de morale publique ! Accorder à de pareils enfants d'entrer dans la famille de leur mère, c'est ouvrir, selon moi, une large entrée, comme le colosse de Rhodes, aux immoralités les plus condamnables, c'est se jouer de tout ce que l'homme peut avoir de plus saint : l'honneur et la paix de sa famille ! O mortel égaré ! Il me semble entendre nos philanthropes me disant : « Pourquoi t'alarmer? Pourquoi t'écrier avec tant de feu contre ce système de successions ? Quoi ! as-tu oublié ce grand, cet immortel principe, le premier de tous les principes : « *qu'il ne faut point punir l'innocent !* » Quelle est la faute de cet enfant adultérin ou incestueux? Indigne-toi contre ses auteurs, mais ne t'indigne pas contre un enfant qui n'est coupable de rien, et qu'il faut par conséquent appeler à la succession de celle qui l'a porté dans son sein !... L'écarter de l'héritage maternel, c'est le punir, c'est fouler aux pieds ce principe : *qu'il ne faut point punir l'innocent*. Punis les parents, sois sévère pour eux, mais sois indulgent, sois pitoyable pour cet enfant innocent. »

Je réponds, que du moment que l'on reconnaît, avec Portalis, que la famille est la pépinière des États, du moment que l'on reconnaît le mariage comme la source sacrée de la famille, du moment, dis-je, que l'on reconnaît ces vérités, on ne peut admettre des dispositions qui les affaiblissent, qui leur portent une atteinte mortelle. Proclamer d'un côté que le mariage est la source de la famille, et de l'autre élever au même rang que les enfants légitimes, non-seulement les enfants naturels simples, adultérins et incestueux, c'est, pour tout esprit organisé sainement, briser indirectement le mariage et par suite rompre les liens de famille, qui sont pour ainsi dire le ciment de la société civile et conséquemment de la société politique qui n'est qu'une des formes de la société civile. (Demolombe, *Paternité et filiation*, tom. V, p. 5.)

Je réponds encore à ces personnes qui, possédées d'une funeste philanthropie, s'efforcent de me soutenir qu'il ne faut point punir ces innocents, je leur réponds, que cette disposition, qui frappe les enfants naturels simples, incestueux et adultérins, n'est qu'une conséquence inévitable du principe fondamental que le mariage est la source sacrée de la famille. Car, en effet, comment une cause illicite pourrait-elle produire un effet licite? Se peut-il qu'une union illégitime produise les mêmes effets que le mariage qui est une union légitime? Quoi ? lorsque vous avez une fois admis un principe, ne devez-vous pas admettre aussi les conséquences qui en découlent ? Et enfin si vous invoquez, dans cette matière de la successibilité des enfants naturels, le principe qu'il ne faut pas frapper l'innocent, vous devez l'invoquer toujours, dans tous les cas où un innocent se trouve frappé indirectement. Ainsi, du moment qu'il s'agit d'appliquer ce principe avec une rigueur mathématique acquittons le père de famille, qui pour avoir commis un crime est condamné aux travaux publics, car, par cette condamnation nous frappons indirectement les enfants de ce malheureux père de famille,... nous frappons sa femme et ses enfants, c'est-à-dire des personnes tout à fait innocentes ! Quoi ? vous restez aveugles, vous restez sourds aux pleurs de cette infortunée mère de famille, qui traînant par la main, jusque dans le sanctuaire de la justice, ces tendres enfants, ces malheureux nés d'un père assassin, crie merci, implore la grâce de son mari, l'unique soutien de ses enfants !... Non, non, et encore une fois non, ne nous attendrissons point, car l'intérêt de la société réclame que nous frappions celui qui a troublé l'ordre public, qui a jeté le meurtre et la terreur au milieu de ses concitoyens.

Eh bien ! si dans cette hypothèse l'intérêt de la société réclame que nous punissions ce chef de famille, qui s'est armé du couteau et a tué son prochain, le même intérêt de la société ne réclame-t-il pas que les bâtards ne soient pas assimilés aux enfants légitimes ? Ce même intérêt de la société ne réclame-t-il pas que nous n'accordions point aux enfants adultérins et incestueux les honneurs et les droits des enfants légitimes?.... Au nom de Dieu, n'invoquez donc plus, de ce ton absolu, le principe qu'il ne faut point frapper *l'innocent*, sans invoquer en même temps l'intérêt général de la société! Rappelez-vous les graves considérations qui dominent ce difficile problème du droit de succession des enfants naturels, et conciliez l'intérêt de la société avec les principes d'humanité comme l'ont concilié tous les législateurs du monde; et gardez-vous surtout du système pernicieux et immoral qui a pour but final de faire entrer les diverses classes d'enfants naturels dans la famille de leur mère (1).

Il me semble que j'ai suffisamment montré et démontré les erreurs de notre nouveau code en matière de successibilité des diverses classes d'enfants naturels, et qu'il est tout à fait superflu de m'étendre à ce sujet.

Cependant, pour mieux mettre en lumière les

(1) Tous les codes civils étrangers, que j'ai pu consulter jusqu'à ce moment, sont loin de formuler le principe extravagant contenu dans l'art. 677. (*Note de l'auteur*)

effets déplorables de ce système de succession, je prendrai encore un exemple, dans la ligne collatérale.

Voici deux frères : *Primus* et *Secundus*, et une sœur nommée Marie. Primus, le frère aîné, meurt laissant trois enfants légitimes. Marie meurt aussi laissant deux enfants légitimes, un enfant reconnu et déclaré adultérin et deux enfants naturels. Secundus, le frère cadet, qui n'a jamais été marié, meurt aussi, sans autres parents au degré successible que les enfants de Primus et de Marie. — On demande, qui va recueillir la grande fortune de Secundus? Réponse : tous les enfants légitimes de Primus et tous les enfants de Marie, sans aucune distinction de légitimes, d'incestueux, d'adultérins ou de naturels, car, au point de vue de la succession des collatéraux de la mère, ces diverses classes d'enfants naturels ont des droits égaux à ceux des enfants légitimes. Ainsi les enfants de Primus, par droit de représentation, recueilleront la moitié du patrimoine de Secundus, et l'autre moitié, en vertu du droit de représentation, sera recueillie, à parts égales, par tous les enfants de Marie.

Eh bien! je dois le confesser, lors même que je verrais un tel système d'hérédité loué et applaudi par tous les jurisconsultes et tous les docteurs de l'univers, malgré tout cela, je me permettrais, moi, d'élever ma faible voix et de le combattre, comme immoral et destructeur de toute famille.

Un législateur qui se propose de doter son pays de lois meilleures que les lois existantes, et qui, dans ce but, jette les yeux sur les nations les plus avancées en civilisation, pour examiner comment fonctionnent certaines lois, certaines institutions, arrive, par l'étude comparative des législations étrangères à connaître les défectuosités de la législation nationale, les remèdes à appliquer et les réformes à introduire. Je ne puis donc concevoir comment, après une pareille étude des législations étrangères, nous avons pu arriver, nous autres Roumains, à nous voir doter du système de succession consacré par le nouveau Code? Si j'étais assez heureux pour posséder les débats qui ont précédé, au sein du Conseil d'État, les modifications apportées au Code Napoléon, en ce qui concerne le droit de succession des enfants naturels, peut-être serais-je éclairé et *édifié* sur les motifs *puissants* (1) qui ont amené la rédaction

(1) Il est des personnalités fangeuses auxquelles un écrivain qui se respecte ne doit pas descendre. Nous ne pouvons que louer et qu'imiter la réserve de notre ami. Il nous répugnerait trop comme écrivain, nous rougirions trop comme citoyen de soulever le voile d'infamie à travers lequel nous ne voyons que trop les motifs de position et d'intérêt particulier qui ont provoqué les incroyables dispositions contenues dans ces articles. (*Note de l'éditeur.*)

des art. 652, 677, 679. Comme interprète du Code civil, je suis même en devoir de consulter les débats qui se produisent à l'occasion de la rédaction d'une loi, car de pareils débats mettent en lumière toute la loi, et font ressortir clairement l'intention du législateur. Mais, en l'absence de ces débats (que comme citoyen et comme avocat je souhaite de tout mon cœur voir publier), je n'ose me détacher des principes acquis sur les bancs de la faculté de droit de Paris, et des saines théories des plus célèbres professeurs, d'après qui une distance énorme sépare les enfants naturels des enfants légitimes. Peut-être serai-je traité par quelques-uns d'homme resté en arrière des progrès de la science. J'avoue, et je n'hésite nullement à l'avouer, que je puis bien être en arrière des progrès de la science juridique, c'est-à-dire avec des principes un peu vieillis; mais je demande, tenant en main les codes civils étrangers et les œuvres des jurisconsultes les plus éminents, je demande qu'on m'accorde, au moins pour le moment, la liberté de douter si le système de succession proclamé par le nouveau code est bien un système appuyé sur les progrès de la science juridique.

En terminant, je n'oublierai pas de déclarer ce que j'ai l'habitude de déclarer presque toujours, c'est-à-dire qu'une loi, si vicieuse, si immorale qu'elle soit, ne cesse point pour cela d'être une loi, et les tribunaux comme les citoyens sont tenus de s'y soumettre.

Mais de cette soumission aux lois positives il ne s'ensuit nullement que nous devions nous taire et ne point montrer tout ce qu'une loi peut contenir de vicieux et d'immoral. Le pouvoir législatif, en effet, qui est un des premiers pouvoirs dans un État, n'étant lui-même qu'un pouvoir humain, peut facilement faillir et céder, comme dit Marcadé, à des passions mauvaises ; cependant, même lorsqu'il fait le mal, il n'en reste pas moins le pouvoir, et les citoyens sont tenus de se soumettre et de courber la tête devant lui.

Le cœur soumis et la tête courbée, je répéterai donc à la fin, comme au commencement de cet écrit, les immortelles paroles de Portalis : « Lorsque les abus sont l'œuvre des lois, le mal est incurable, car il se trouve dans le remède même ! »

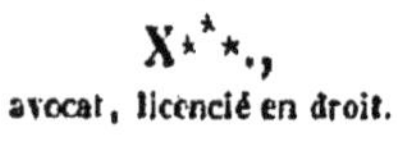

X***,
avocat, licencié en droit.

FIN.

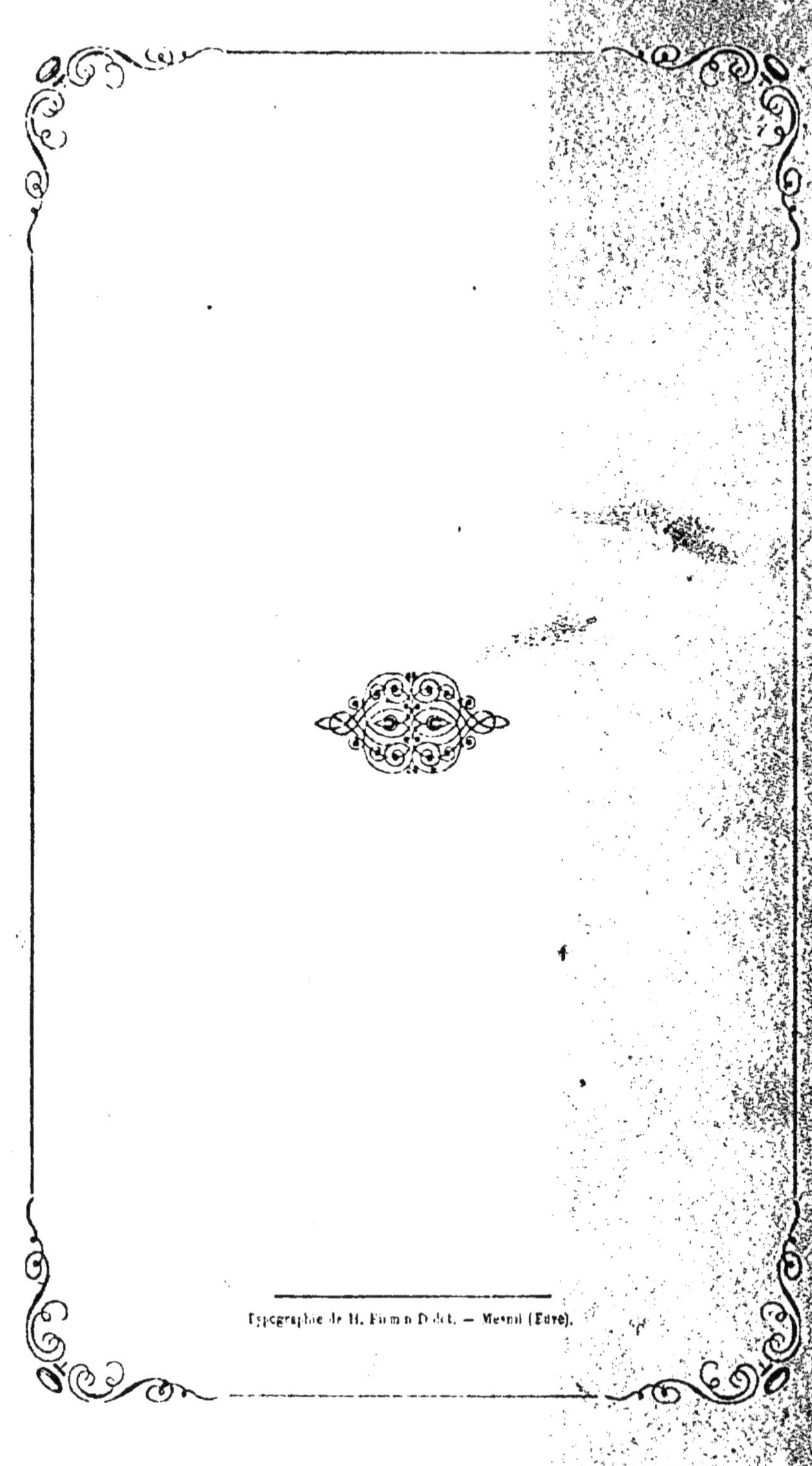

Typographie de H. Firmin Didot. — Mesnil (Eure).

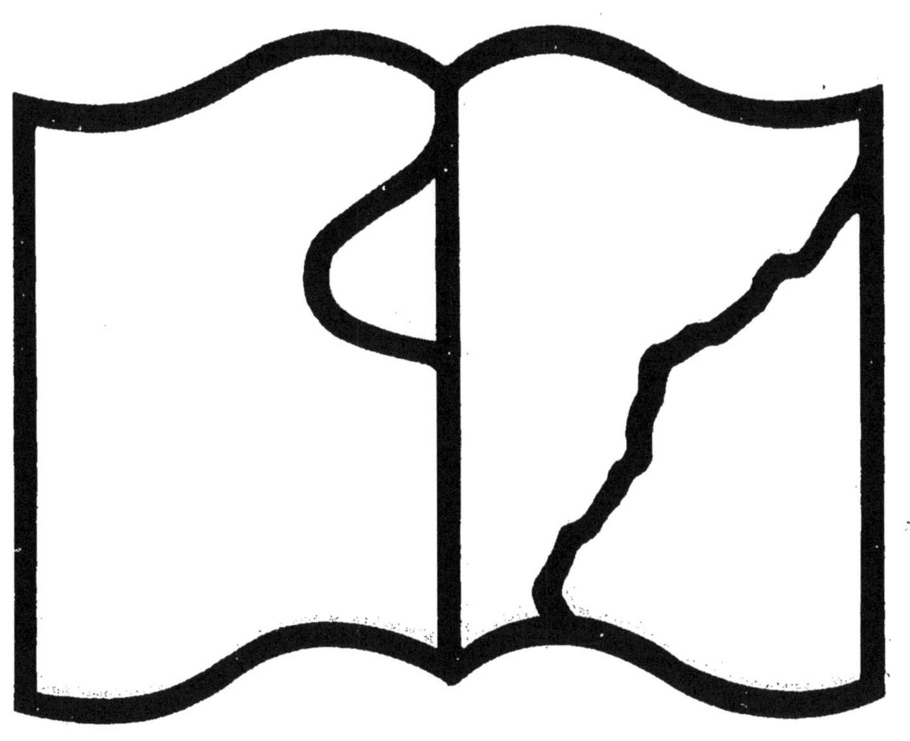

Texte détérioré — reliure défectueuse

NF Z 43-120-11

www.ingramcontent.com/pod-product-compliance
Ingram Content Group UK Ltd.
Pitfield, Milton Keynes, MK11 3LW, UK
UKHW021138230726
13926UKWH00002B/865

9 782014 439069